フライパンで作れる

まあるい
クッキーと
タルトと
ケーキ

若山曜子

はじめに

子どものころ、我が家にはオーブンがありませんでした。

かわいいクッキーも、ふわふわのケーキも、オーブンが必要です。
母の料理本を眺めては、「ああ、オーブンがあればなぁ！」と
何度思ったことでしょう。

「オーブンを3年分のお誕生日プレゼントにして！」と
ねだったのは中学生のとき。オーブンがやってくる日まで、
私が家で怪しげなお菓子を焼いていたのは、そう、フライパンでした。

あのころの私にこの本をプレゼントできたらどんなにいいでしょう。
「フライパンの中でくるくる混ぜるだけでクッキーが焼けるのよ！」
「ガトーショコラもN.Y.チーズケーキもバナナケーキも、
内緒にしておけばフライパンで作ったことがわからないくらい
おいしく作れるんだから」と、伝えてあげたい。そんな気持ちです。

本書ではレシピでの火加減は、ごく弱火、中火といった表記にとどめています。
コンロの口径や、フライパンの材質・厚さによって火の通り方が変わってくるからです。
みなさんのお使いのコンロや、フライパンに応じて、
焼き加減や焼き時間を調整してみてください。
一度コツがわかれば、小さいころの私のようにオーブンがないけれどお菓子を作りたい方、
オーブンを使うのを面倒に感じている方、
普段、オーブンを使っている方にも、お菓子作りはますます身近になるでしょう。

忙しい毎日の中で、ふと思い立ってお菓子を焼く。
家族のリクエストに気軽に応える。
そんなこともすぐ叶う、お菓子の本になっていたら嬉しいです。

若山曜子

CONTENTS

- 02 はじめに
- 06 フライパンと必要な道具

フライパンクッキー
Frying pan cookies

- 10 チョコチャンククッキー
- 14 ショートブレッド
- 16 ダブルチョコラズベリークッキー
- 18 ココナッツレモンクッキー
- 20 ピーナッツバター＆ジャムのクッキーサンド
- 22 クリームチーズとマーマレードのクッキー
- 24 アーモンドとアプリコットのクッキー
- 26 プルーンと紅茶のクッキー
- 28 粉チーズのクッキー
     ブルーチーズとはちみつのクッキー
- 30 ハニーグラハム
- 31 ジンジャークッキー
- 32 ドライいちじくとラム酒のクッキー
     オートミールのクッキー
- 34 抹茶クッキー 練乳アイシング

フライパンタルト
Frying pan tarts

- 38 いちじくのタルト
- 42 タルト・オ・ポム
- 44 ピーチマスカルポーネタルト
- 46 ブルーベリーとクリームチーズのタルト
- 48 洋なしとチョコレートのタルト
     オレンジとキャラメルのタルト
- 50 タルト・タタン

Part. 3 Frying pan cakes
フライパンケーキ

- 54 バナナケーキ
- 58 キャロットケーキ
- 60 N.Y.チーズケーキ
- 61 ラムとコーヒーのチーズケーキ
- 62 ガトーショコラ
- 64 キャラメルバナナのガトーショコラ
- 66 パイナップルのアップサイドダウンケーキ
- 68 柿とりんごのアップサイドダウンケーキ
- 70 マロンケーキ
- 72 グレープフルーツとマンゴーのクラフティ
- 74 メープルパンプキンケーキ
- 76 ゆずアイシングケーキ
- 78 焼きいものフィナンシェ しょうが風味
- 79 ラズベリーのマドレーヌ
- 80 ブランデーケーキ
- 82 カフェ・オ・レのパンプディング
- 83 ぶどうのケーキ
- 84 デビルズフードケーキ
- 86 フライパンで焼いた お菓子を贈るラッピング

この本の使い方

- 小さじ1は5ml、大さじ1は15mlです。
- 電子レンジの加熱時間は600Wのものを基準にしています。
- バターは食塩不使用のものを使っています。
- 卵はMサイズ(約50g)を使っています。
- フライパンは説明書をよく読んで使用してください。
- 加熱時間はフライパンやコンロの特性により、異なります。様子を見ながら調整してください。

フライパンと必要な道具

この本では、オーブンは使いません。おうちにある小さめのフライパンでお菓子を焼きます。
一部のケーキを除き、生地もフライパンの中で混ぜるので、洗い物も少なく、とても楽ちん。
ここでは、主役のフライパンと、そのほかの道具をご紹介します。
まったく特別なものではなく、いつも使っているものばかりです。

フライパン選びのポイント

- 直径（外径）20〜22cmくらいの、やや小さめのフライパンを使います。

- 鉄などではなく、テフロン加工を施したごく普通のフライパンでOKです。

- もちろん鉄でも。生地をフライパンの中で混ぜるため、バターがなじんでくっつきにくくなります。くっつきそうな場合はレシピのとおり、オーブンシートを敷き込んでください。

- お菓子は内径のサイズにできあがりますが、生地の立ち上がりがある場合はひと回り大きくなります。内径があまり小さいと厚みが出ることになるので、火が通りにくくなります。少なくとも15cmはあるものを用意しましょう。

- 深さは5cmくらいが適当。深すぎると生地を扱いにくく、浅すぎると立ち上がりを作るのが難しくなります。

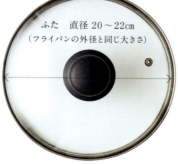

そのほかの道具

ボウル
クッキーやタルトはほとんどフライパンの中で生地を作りますが、ケーキの生地で使用。小さめの耐熱容器もあると便利です。

ざる
粉を大きく均等にふるい入れるのに必要です。ふるったものを一気に入れるとダマになるので、必ずふるいながら加えてください。

大きめのフライパン
普段使っている直径28cm前後のフライパンを指します。生地を返すとき、小さいフライパンにかぶせて上下を返して使います。

網
生地はできるだけ弱火で焼きます。あまり弱くできなかったり、フライパンが薄い場合は網の上にフライパンをのせ、距離を作って。

ゴムべら
フライパンの中で粉類を混ぜるとき、泡立て器だと飛び散ります。ゴムべらでそっと混ぜると散らかりません。耐熱性のものが安心。

泡立て器
タルトとケーキ、添えるホイップクリームなどに使います。きび砂糖とバターを混ぜるときは、ゴムべらよりも泡立て器が便利です。

パレットナイフまたはターナー(フライ返し)
生地を取り出すときに使います。フライパンのふちから底へ、沿うように差し込める柔軟性が必要です。フライ返しなら、薄くてしなるものを。

オーブンシート
ケーキなど底がくっつきやすい場合に切って使います。フライパンの特性などでくっつくときは、クッキーなどにも使ってみて。

Part. 1

Frying pan cookies
フライパン
クッキー

クッキーはオーブンがないと作れないもの？　そんなことはありません。フライパンで焼くクッキーは、サクッとした部分としっとりソフトな食感があり、また新しい味わい。好きな具を好きなだけのせ、切り方も自由に楽しんでみてください。

チョコチャンク
クッキー

フライパンクッキーは、焼くだけではなく、
生地もフライパンの中で完結するのが魅力。
バターを溶かして、砂糖、卵、粉類を加えて
グルグル。好きなトッピングをどっさりのせて、
あとは、ゆーっくり焼くだけです。
まずはみんなが大好きな
チョコレートで試してみましょう！

材料（底の直径約16cmのフライパン1台分）

バター … 40g
きび砂糖 … 30g
卵液 … 1/2個分
薄力粉 … 90g
ベーキングパウダー … 小さじ1/3
塩 … 少々
板チョコ（ビター、ホワイトなど）… 合計50g
ローストナッツ（アーモンド、くるみなど）… 好きなだけ
シナモンパウダー … 少々

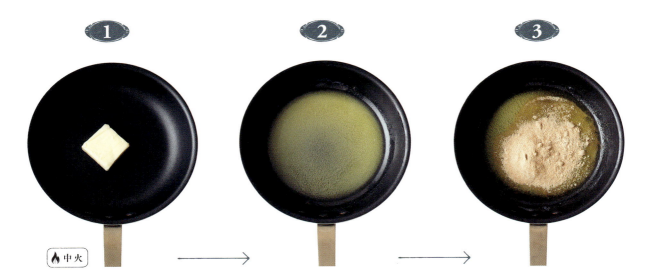

1 フライパンにバターを入れ、中火にかける
あまり大きいと溶け方にムラが出るので、2〜3片に切って入れてもOK。

2 溶けはじめたら火を止め、余熱で溶かす
バターはまわりから溶けはじめたら、どんどん溶けます。溶けなければまた少し加熱すればいいので、早めにストップ。とにかく焦がさないように！

3 きび砂糖を加えて混ぜる
ここからは火を止めた状態で。溶けたバターにきび砂糖を加え、ゴムべらで均一になるまで混ぜ合わせます。

4 人肌まで冷まし、卵液を加える
ちゃんと冷めていないと卵液がスクランブルエッグに！ 手をかざして熱くなければOKです。また、残った卵液はほかの料理などに使いましょう。

5 粉類をまとめてふるい入れる
ここでは薄力粉、ベーキングパウダー、塩をいっぺんにふるい入れます。お菓子によっては、ほかにココアなどの粉状の材料を加える場合もあります。

6 切るようにさっくり混ぜる
練らないよう、ゴムべらを縦に使って切るように混ぜます。粉が飛び散りやすいのでそーっとていねいに。

ひとまとまりになればOK
つやつやの生地ができあがりました。

指でまあるくのばす
真ん中から外側に向かって指で押し広げてのばしていきます。火の入りにくい中央部分は少し薄くしましょう。

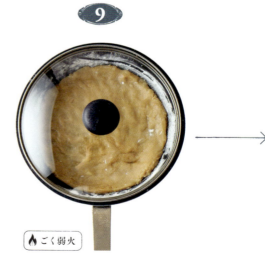

ごく弱火で10分焼く
ふたをして弱〜い火にかけ、じっくり焼きます。できるかぎり弱火にしますが、あまり弱くできない場合は、網などにのせて火との距離を作ります。ただし、小口ではなく、大きいコンロで広く、弱く火を当てます。

Finish!

  ごく弱火 ▶ 冷ます

ふたをせずに10分ほど
焼き上げ、そのまま冷ます

最後は、乾燥させるためにふたをとって焼き上げます（ずっと弱火！）。クッキーは冷めるまでとても崩れやすいので、フライパンに入れたまま冷ましましょう。仕上げにシナモンをふって、できあがりです！

⑩

ごく弱火

フォークで穴を開ける

10分たったらふたをとり、火の通りにくい中央部分を中心にフォークで穴をポツポツ。熱が入りやすくなります。

⑪

ごく弱火

トッピングをのせる

ここでは適当に割った板チョコとナッツを。好きなものを好きなだけのせていいのがフライパンクッキーの魅力です！

No.02

ショートブレッド

とってもシンプルなイギリスのお菓子。
なにもトッピングせずに仕上げ、バターの風味を楽しみます。
お好きなジャムを添え、ミルクティーとご一緒に。
アフタヌーンティーにぴったりの優しい味わいです。

材料 （底の直径約16cmのフライパン1台分）

バター … 50g
粉砂糖 … 25g
薄力粉 … 90g
ベーキングパウダー … 小さじ1/3

作り方

1　フライパンにバターを入れ、中火にかける。溶けはじめたら早めに火を止め、余熱で全体を溶かす。

2　バターが人肌まで冷めたら、粉砂糖を加え、均一になるようにゴムべらで混ぜる。

3　薄力粉とベーキングパウダーをざるなどでふるい入れ、さっくりと混ぜる。

4　全体がなじんだら、指で平らにのばし、中央はやや薄くする。フォークで中央に数カ所穴を開け、フォークでふちを押さえて模様をつける。

5　ふたをして弱火で10分ほど焼く。ふたをとって再度フォークで数カ所穴を開け、ふたをせずに10分ほど焼く。

6　ターナーなどを使いフライパンの中で熱いうちに8等分に切り、そのまま冷ます。

№ 03

ダブルチョコ
ラズベリークッキー

底はサクッとして、中はソフトでブラウニーみたい。
とろけたまま冷めてかたまったチョコが食欲をそそります。
ジャムはラズベリーのほか、
マーマレードなどビターなものでアレンジしても。

材料（底の直径約16cmのフライパン1台分）

バター … 40g
きび砂糖 … 20g
卵液 … 1/2個分
薄力粉 … 80g
無糖ココア … 10g
ベーキングパウダー … 小さじ1/2（2g）
チョコレート … 30g
ラズベリージャム … 大さじ2

作り方

1　フライパンにバターを入れ、中火にかける。溶けはじめたら早めに火を止め、余熱で全体を溶かす。

2　バターが人肌まで冷めたら、きび砂糖を加え、均一になるようにゴムべらで混ぜる。卵液を加えてさらに混ぜる。

3　薄力粉、ココア、ベーキングパウダーをざるなどでふるい入れ、さっくりと混ぜる。

4　全体がなじんだら、指で平らにのばし、中央はやや薄くする。ふたをしてごく弱火で10分ほど焼く。

5　ふたをとってフォークで数カ所に穴を開け、適当に割ったチョコとジャムを散らし、ふたをせずに10分ほど焼く。

6　そのままフライパンで冷ます。

№ 04
ココナッツレモンクッキー

レモンの香りは果皮にあります。
シロップ煮を散らすだけでなく、グラニュー糖にレモンの皮を混ぜたレモンシュガーがポイントです。
シャリシャリした食感のアクセントにもなり、実は存在感大！

材料（底の直径約16cmのフライパン1台分）

[レモンのシロップ煮]
　レモン … 1/2個
　グラニュー糖 … 50g
　水 … 50ml
レモンの皮のすりおろし … 1/2個分
グラニュー糖 … 40g
バター … 40g
卵液 … 1/2個分
薄力粉 … 90g
ベーキングパウダー … 小さじ1/3
ココナッツロング … 30g

下準備

- レモンはごく薄くスライスし、グラニュー糖と水を混ぜた煮汁で、落としぶたをして2～3分煮る。

作り方

1. レモンの皮のすりおろしとグラニュー糖をよく混ぜ、レモンシュガーを作る(**a**)。
2. フライパンにバターを入れ、中火にかける。溶けはじめたら早めに火を止め、余熱で全体を溶かす。
3. バターが人肌まで冷めたら、3/4量の1を加え、均一になるようにゴムべらで混ぜる。卵液を加えてさらに混ぜる。
4. 薄力粉とベーキングパウダーをざるなどでふるい入れ、さっくりと混ぜる。
5. 全体がなじんだら、指で平らにのばし、中央はやや薄くする。
6. ふたをしてごく弱火で10分ほど焼く。残りの1、ココナッツロング、レモンのシロップ煮を散らし、ふたをせずに10分ほど焼く。
7. そのままフライパンで冷ます。

a
なじませておくと、レモンの香りのお砂糖ができます。紅茶に入れてもおいしいです。

ピーナッツバター ＆ ジャムのクッキーサンド

ピーナッツバターと重曹の働きで、
この本のクッキーのなかでも、特にサクサクに焼き上がりました。
しっかりした酸味のジャムを挟みましたが、熱いうちに
チョコレートを挟み、こってりいただくのもたまりません。

材料（底の直径約16cmのフライパン1台分）

バター … 20g
ピーナッツバター … 35g
きび砂糖 … 30g
薄力粉 … 90g
ベーキングパウダー … 小さじ1/3
重曹 … ひとつまみ
好みのジャム（写真はラズベリー）… 大さじ1

作り方

1　フライパンにバターを入れ、中火にかける。溶けはじめたら早めに火を止め、余熱で全体を溶かす。

2　ピーナッツバターを加え、均一になるようにゴムべらで混ぜる。きび砂糖を加え、さらに混ぜる。

3　薄力粉、ベーキングパウダー、重曹をざるなどでふるい入れ、さっくりと混ぜる。

4　全体がなじんだら、指で平らにのばし、中央はやや薄くする。

5　ふたをしてごく弱火で10分ほど焼く。ふたをとってフォークで数カ所穴を開け、ふたをせずに10分ほど焼く。

6　熱いうちにフライパンの中で半分に切り、そのまま冷ます。

7　1枚にジャムを塗り、もう1枚を重ね、食べやすく切る。

クリームチーズと
マーマレードのクッキー

生地にもクリームチーズを入れているので、
塩気がほんのり感じられ、食感はふわっと焼き上がります。
トッピングしたチーズがランダムにとろけ、
ビターなマーマレードとの相性も抜群。朝ごはんにもどうぞ。

材料（底の直径約16cmのフライパン1台分）

バター … 40g
グラニュー糖 … 20g
クリームチーズ … 60g
卵液 … 1/2個分
薄力粉 … 90g
ベーキングパウダー … 小さじ1/3
マーマレード … 大さじ2

下準備

- クリームチーズは室温に戻してやわらかくする。

作り方

1. フライパンにバターを入れ、中火にかける。溶けはじめたら早めに火を止め、余熱で全体を溶かす。

2. バターが人肌まで冷めたら、グラニュー糖と半量のクリームチーズを加え、均一になるようにゴムべらで混ぜる。卵液を加えてさらに混ぜる。

3. 薄力粉とベーキングパウダーをざるなどでふるい入れ、さっくりと混ぜる。

4. 全体がなじんだら、指で平らにのばし、中央はやや薄くする。ふたをしてごく弱火で10分ほど焼く。

5. ふたをとってフォークで数カ所穴を開け、残りのクリームチーズを散らす（a）。ふたをせずに10分ほど焼く。

6. そのままフライパンで冷まし、マーマレードをたらす。

a

クリームチーズはスプーンでざっくりランダムに、生地に塗るように散らします。

№07 アーモンドとアプリコットのクッキー

あんず(アプリコット)とアーモンドは、同じバラ科のせいか、とてもよく合います。香ばしさと甘酸っぱさ、違うニュアンスなのに不思議です。ここでは生地にもアーモンドパウダーを加えてコクを出し、相性をより深めています。

材料（底の直径約16cmのフライパン1台分）

ドライあんず … 40g
スライスアーモンド … 20g
バター … 40g
グラニュー糖 … 30g
卵液 … 1/2個分
薄力粉 … 100g
アーモンドパウダー … 20g
ベーキングパウダー … 小さじ1/2(2g)

作り方

1　ドライあんずは7mm角ほどに切り、さっと湯通しする。スライスアーモンドはから煎りする。

2　フライパンにバターを入れ、中火にかける。溶けはじめたら早めに火を止め、余熱で全体を溶かす。

3　バターが人肌まで冷めたら、グラニュー糖を加え、均一になるようにゴムべらで混ぜる。卵液を加えてさらに混ぜる。

4　薄力粉、アーモンドパウダー、ベーキングパウダーをざるなどでふるい入れ、さっくりと混ぜる。

5　全体がなじんだら、指で平らにのばし、中央はやや薄くする。1のあんずを埋め込むようにのせ、スライスアーモンドを散らす。ふたをしてごく弱火で10分ほど焼く。

6　ふたをとって中央にフォークで数カ所穴を開け、ふたをせずにさらに10分ほど焼く。

7　そのままフライパンで冷ます。

プルーンと紅茶のクッキー

フライパンで焼くクッキーは、小さく作ることもできます。
大きめのフライパンでコロコロ焼きましょう。
茶葉を加えたサクサク生地、紅茶をしみ込ませた
プルーンをのせて、ジャムクッキーみたいに。

材料 （直径約5cm 10～12枚分）

[紅茶プルーン]
 ドライプルーン … 40g
 濃いめに淹れた紅茶
 （アールグレイ）… 50mℓ
 きび砂糖 … 大さじ1

バター … 40g
きび砂糖 … 30g
卵液 … 1/2個分
薄力粉 … 90g
ベーキングパウダー … 小さじ1/3
塩 … 少々
紅茶の茶葉（アールグレイ）… ティーバッグ1個分

下準備

- ドライプルーンは食べやすく切り、紅茶、きび砂糖と一緒に耐熱容器に入れ、電子レンジで30秒加熱し、そのまま冷ます。

作り方

1 大きめのフライパンにバターを入れ、中火にかける。溶けはじめたら早めに火を止め、余熱で全体を溶かす。

2 バターが人肌まで冷めたら、きび砂糖を加え、均一になるようにゴムべらで混ぜる。卵液を加えてさらに混ぜる。

3 薄力粉、ベーキングパウダー、塩をざるなどでふるい入れ、紅茶の茶葉も加えてさっくりと混ぜる。

4 3を10～12等分してまるめる。中央をへこませて食べやすく切った紅茶プルーンをのせる（**a**）。

5 ふたをしてごく弱火で10分ほど焼く。ふたをとってさらに10分ほど焼く。

6 ひっくり返し、そのままフライパンで冷ます（**b**）。

a   b

粉チーズの
クッキー(写真上)

コンビニでも買える粉チーズを使った、
甘じょっぱいおつまみクッキー。
グラニュー糖を減らしてクラッカーのような
味に仕上げても。さらに生ハムなどを添えれば、
いよいよお酒に合う大人の味になりそうです。

材料（底の直径約16cmのフライパン1台分）

バター … 30g
グラニュー糖 … 30g
卵液 … 1/2個
薄力粉 … 90g
ベーキングパウダー … 小さじ1/2(2g)
粉チーズ … 30g
好みのドライフルーツ、黒こしょう(好みで) … 各適量

作り方

1　フライパンにバターを入れ、中火にかける。溶けはじめたら早めに火を止め、余熱で全体を溶かす。

2　バターが人肌まで冷めたら、グラニュー糖を加え、均一になるようにゴムべらで混ぜる。卵液を加えてさらに混ぜる。

3　薄力粉とベーキングパウダーをざるなどでふるい入れ、粉チーズも加えてさっくりと混ぜる。

4　全体がなじんだら、指で平らにのばし、中央はやや薄くし、フォークで数カ所穴を開ける。

5　ふたをしてごく弱火で10分ほど焼く。ふたをとって再度フォークで穴を開け、ふたをせずに10分ほど焼く。

6　そのままフライパンで冷ます。仕上げにドライフルーツを散らし、黒こしょうをふる。

ブルーチーズと
はちみつのクッキー(写真下)

くせのあるブルーチーズとはちみつの
組み合わせで、甘さはグッと控えめです。
松の実は香ばしく煎って、食感のアクセントに
まあるいまんまホームパーティに持って行きたくなる、
ワインによく合うしょっぱいクッキーです。

材料（底の直径約16cmのフライパン1台分）

松の実 … 大さじ1〜2
バター … 30g
はちみつ … 大さじ1
卵液 … 1/2個分
薄力粉 … 90g
ベーキングパウダー … 小さじ1/2(2g)
塩 … 少々
ブルーチーズ … 30g
はちみつ(仕上げ用) … 適量

作り方

1　松の実はから煎りする。

2　フライパンにバターを入れ、中火にかける。溶けはじめたら早めに火を止め、余熱で全体を溶かす。

3　バターが人肌まで冷めたら、はちみつを加え、均一になるようにゴムべらで混ぜる。卵液を加えてさらに混ぜる。

4　薄力粉、ベーキングパウダー、塩をざるなどでふるい入れ、さっくりと混ぜる。

5　全体がなじんだら、指で平らにのばし、中央はやや薄くする。1を散らし、ふたをしてごく弱火で10分ほど焼く。

6　ふたをとってフォークで数カ所穴を開け、ブルーチーズをちぎって散らし、ふたをせずに10分ほど焼く。

7　そのままフライパンで冷ます。仕上げ用のはちみつをかける。

 No.11

ハニーグラハム

とってもシンプルなグラハムクッキー。
食べればはちみつの甘さがほんのり広がります。
パン代わりに朝ごはんにもぴったり。
マスカルポーネなどミルキーな味を添えても。

材料（底の直径約16cmのフライパン1台分）

バター … 40g
はちみつ … 大さじ1
牛乳 … 大さじ1
グラニュー糖 … 大さじ1
薄力粉 … 80g（あれば半量を全粒粉にする）
グラハム粉 … 15g
ベーキングパウダー … 小さじ1/3
塩 … ひとつまみ
マスカルポーネ（好みで）… 適量

作り方

1 フライパンにバターを入れ、中火にかける。溶けはじめたら早めに火を止め、余熱で全体を溶かす。

2 バターが人肌まで冷めたら、はちみつ、牛乳、グラニュー糖を加え、均一になるようにゴムべらで混ぜる。

3 薄力粉、グラハム粉、ベーキングパウダー、塩をざるなどでふるい入れ、さっくりと混ぜる。

4 全体がなじんだら、指で平らにのばし、中央はやや薄くする。

5 ふたをしてごく弱火で10分ほど焼く。ふたをとってフォークで数カ所穴を開け、さらに10分ほど焼く。

6 そのままフライパンで冷ます。マスカルポーネを添える。

№12
ジンジャークッキー

ジンジャーパウダーがなくても、
チューブのしょうがでOK！コクのある砂糖を使って、
素朴な甘さにするのもポイントです。どことなく懐かしい、
ほっとする味のクッキーになります。

材料（底の直径約16cmのフライパン1台分）

バター … 40g
黒砂糖（またはきび砂糖）… 30g
しょうがのすりおろし … 小さじ1/4〜1/2
卵液 … 1/2個分
薄力粉 … 100g
ベーキングパウダー … 小さじ1/3
塩 … 少々

作り方

1 フライパンにバターを入れ、中火にかける。溶けはじめたら早めに火を止め、余熱で全体を溶かす。

2 バターが人肌まで冷めたら、黒砂糖、しょうがを加え、均一になるようにゴムべらで混ぜる。卵液を加えてさらに混ぜる。

3 薄力粉、ベーキングパウダー、塩をざるなどでふるい入れ、さっくりと混ぜる。

4 全体がなじんだら、指で平らにのばし、中央はやや薄くする。

5 ふたをしてごく弱火で10分ほど焼く。ふたをとってフォークで数カ所穴を開け、ふたをせずに10分ほど焼く。

6 そのままフライパンで冷ます。

No.13

ドライいちじくと
ラム酒のクッキー（写真上）

フライパンで焼くクッキーは上面がソフトなので、
プチプチした食感を効かせるのがポイント。
ここでは、挽いたコーヒーといちじくの種です。
ラム酒の甘やかな香りとコーヒーの香ばしさ。
なんだか南の国を思わせます。

材料（底の直径約16cmのフライパン1台分）

ドライいちじく…30g
ラム酒…大さじ1
バター…40g
黒砂糖…30g
卵液…1/2個分
薄力粉…90g
ベーキングパウダー…小さじ1/2（2g）
塩…ひとつまみ
コーヒー豆（挽いたもの、またはコーヒーの粉）
　　…小さじ1/4

作り方

1　ドライいちじくは湯通しして食べやすく切り、ラム酒をふる。

2　フライパンにバターを入れ、中火にかける。溶けはじめたら早めに火を止め、余熱で全体を溶かす。

3　バターが人肌まで冷めたら、黒砂糖を加え、均一になるようにゴムべらで混ぜる。卵液を加えてさらに混ぜる。

4　薄力粉、ベーキングパウダー、塩、コーヒーをざるなどでふるい入れ、さっくりと混ぜる。なじんだら1を加えて混ぜる。

5　指で平らにのばし、中央はやや薄くする。

6　ふたをしてごく弱火で10分ほど焼く。ふたをとってフォークで数カ所穴を開け、ふたをせずに10分ほど焼く。

7　そのままフライパンで冷ます。

 No.14

オートミールの
クッキー（写真下）

グラノーラバーをイメージしたクッキーです。
ドライフルーツ、ナッツをどっさりのせて、
栄養価の高いクッキーに仕上げましょう。
卵を使わないため、缶や瓶に入れて保存。
忙しい日のエナジーチャージに。

材料（底の直径約16cmのフライパン1台分）

バター…45g
きび砂糖…35g
メープルシロップ…大さじ1
薄力粉…30g
ベーキングパウダー…小さじ1/3
オートミール…70g
スライスアーモンド…大さじ1
ドライクランベリー…大さじ1
パンプキンシード…大さじ1

作り方

1　スライスアーモンドはから煎りする。

2　フライパンにバターを入れ、中火にかける。溶けはじめたら早めに火を止め、余熱で全体を溶かす。

3　バターが人肌まで冷めたら、きび砂糖とメープルシロップを加え、均一になるようにゴムべらで混ぜる。

4　薄力粉、ベーキングパウダーをざるなどでふるい入れ、オートミールも加え、さっくりと混ぜる。

5　全体がなじんだら、指で平らにのばし、中央はやや薄くする。スライスアーモンド、ドライクランベリー、パンプキンシードを押し込むように散らす。

6　ふたをしてごく弱火で10分ほど焼く。ふたをとってフォークで数カ所穴を開け、ふたをせずに10分ほど焼く。

7　そのままフライパンで冷ます。

No.15

抹茶クッキー 練乳アイシング

上面に焼き色がつかないので、抹茶のグリーンが鮮やか。
生地に甘納豆を混ぜて和風にしても楽しいです。
練乳のアイシングのかわりにまろやかなホワイトチョコや
逆にビターなチョコレートを溶かしてかけても。

材料（底の直径約16cmのフライパン1台分）

抹茶 … 小さじ1
水 … 小さじ2
バター … 40g
グラニュー糖 … 30g
卵液 … 1/2個分
薄力粉 … 90g
ベーキングパウダー … 小さじ1/3
［ 練乳アイシング ］
　練乳 … 大さじ1
　粉砂糖 … 大さじ2

作り方

1　抹茶と分量の水を練り混ぜる。

2　フライパンにバターを入れ、中火にかける。溶けはじめたら早めに火を止め、余熱で全体を溶かす。

3　バターが人肌まで冷めたら、グラニュー糖を加え、均一になるようにゴムべらで混ぜる。卵液を加えてさらに混ぜる。

4　1を加えて混ぜ、薄力粉とベーキングパウダーをざるなどでふるい入れ、さっくりと混ぜる。

5　全体がなじんだら、指で平らにのばし、中央はやや薄くする。ふたをしてごく弱火で10分ほど焼く。

6　ふたをとってフォークで数カ所に穴を開け、ふたをせずに10分ほど焼く。そのままフライパンで冷ます。

7　練乳アイシングの材料を練り混ぜ、全体にたらし、乾かす。

Part. 2

Frying pan tarts

フライパン
タルト

サクサクタルトのバリエーションもフライパンの中で完結します。ふちあり、ふちなし、タルト・タタン！　みずみずしいフィリングと生地のめりはりを楽しめるタルトが、こんなに手軽に作れるなんて。いろんな味を生地にのせてお試しください。

いちじくのタルト

タルトの生地も、基本的にフライパンの中で。
クリーム状のバターに砂糖、卵、粉類を混ぜ、
土台ができたらフィリングをのせて。
ふちを立てれば、よりタルトらしく仕上がります。
バリエーション豊かな表情を楽しみましょう。

材料 （底の直径約16cmのフライパン1台分）

バター … 40g
粉砂糖 … 30g
卵液 … 1/2個分
薄力粉 … 70g
アーモンドパウダー … 30g
塩 … ひとつまみ
いちじく … 150g
好みのナッツ類（ここではから煎りした
　スライスアーモンド、砕いたピスタチオ）… 適量

下準備

- バターは室温に戻してやわらかくする。

1
バターと粉砂糖を練り混ぜる

タルトは扱いやすい生地になるよう、溶かしバターではなくクリーム状のバターを使います。ゴムべらで、底にこすりつけるようにすり混ぜましょう。

2
卵液を少しずつ加えて混ぜる

ゴムべらのまま混ぜます。やや混ざりにくく感じるかもしれませんが、万が一分離しても大丈夫。粉類を入れればちゃんとなじむのでご安心を。

3
粉類をまとめてふるい入れる

粉類はすべてざるなどに入れ、一気にふるい入れます。アーモンド粉を加えて香ばしく、リッチな生地に。

4
切るようにさっくりと混ぜる

クッキー生地と同じく、練らないようにゴムべらを縦に使い、切るように混ぜます。やはり粉が飛び散らないようゆっくりとていねいに混ぜましょう。

5
ひとまとまりになればOK

生地のできあがり。クッキー生地よりも油分が落ち着いた質感です。

6

冷蔵庫で10分

指でまあるくのばす

中央から外側に向かって広げます。ふちを起こして焼くタルトの場合は、指でフライパンのへりに押しつけるようにしてほんの少し高さを出しましょう。くっつきやすい生地なので指には薄力粉(分量外)をまぶしてください。

7

いちじくを並べ入れる

いちじくは縦にスライスし、外側からぐるりと並べ入れます。ふちを折るタイプのタルトなので、少しだけ余白を残すのもポイントです。

8

ふちを折り返す

フライパンのへりに押しつけておいた生地を折り返します。ふちは高さ、厚さがあると火が通りにくいので、ほんの少し立ち上げるくらいでOKです。できるだけ1cm以内にします。

Finish!

11 　ごく弱火 ▶ 冷ます

ふたをとって5〜10分焼く

焦げないように気をつけながら、できるだけゆっくり火を通します。ふちの透明感がだいたいなくなったら火を止めて余熱で火を通し、フライパンの中で完全に冷めるまで置きましょう。ちょっと焦げたかな？と思うくらいのほうが香ばしく、サクサクします。最後は好みのナッツ類を散らして、ちょっと華やかに仕上げましょう。

9

ふちにひだをつける

折り返したふちを指でつまみ、ひだをつけましょう。厚みが出て火が通りにくい場所なので、厚さが均一になるように気を配って。きゅっとつまんでできるだけ薄くします。高さが出すぎないように！

10　ごく弱火

ごく弱火で15〜20分焼く

ふたをして弱〜い火にかけ、じっくり焼きます。できるかぎり弱火にしますが、あまり弱くできない場合は網などにのせて火との距離を作りましょう。できるだけ大きいコンロを使い広く熱を当てます。

タルト・オ・ポム

バラの花びらのようにりんごを並べてみました。りんごとミルキーなクリームの組み合わせはノルマンディのりんごタルトをイメージ。
クリームにりんごの果汁が混ざった部分がじゅわりとおいしいお気に入りです。

材料（底の直径約16cmのフライパン1台分）

バター … 40g
粉砂糖 … 30g
卵液 … 1/2個分
薄力粉 … 70g
アーモンドパウダー … 30g
りんご(紅玉) … 1と1/2個
[フィリング]
　卵黄 … 1個
　サワークリーム(または生クリーム) … 90g
　きび砂糖 … 30g
　コーンスターチ … 小さじ1
　カルバドス(あれば) … 少々
はちみつ(好みで) … 大さじ1

下準備

- バターは室温に戻してやわらかくする。

作り方

1. フライパンにバターと粉砂糖を入れ、ゴムべらで練り混ぜる。
2. 卵液を加えてさらに混ぜる。薄力粉とアーモンドパウダーをざるなどでふるい入れ、切るように混ぜる。
3. なじんだら、手に薄力粉(分量外)をつけながら丸くのばす。ふちはフライパンに押しつけて高さを出す(1cm以内)。冷蔵庫に入れて10分ほど休ませる。
4. ふたをしてごく弱火にかけ、5分ほど焼く。
5. りんごは芯を除いて皮付きのままくし形に切り、縦に薄くスライスする。フライパンのふちに沿って1周分並べ入れる。
6. フィリングの材料をよく混ぜ、**5**の中央から流し込む(**a**)。残りのりんごを並べ入れる(**b**)。
7. ふたをしてごく弱火で15分ほど焼く。仕上げにはちみつをたらす。

<u>a</u>　　　<u>b</u>

ピーチマスカルポーネタルト

とってもかわいい色のピーチタルト！ 芯がピンクの桃は、
レモンでマリネすることでピンクがますますきれいに発色します。
いちごや洋なしなどとろけるような果物でもおいしく作れ、その場合は、マリネは不要です。

材料（底の直径約16cmのフライパン1台分）

バター … 30g
粉砂糖 … 30g
卵液 … 1/2個分
薄力粉 … 60g
アーモンドパウダー … 20g
塩 … ひとつまみ
［マスカルポーネクリーム］
　マスカルポーネ … 100g
　グラニュー糖 … 大さじ1/2
　はちみつ … 小さじ1
　生クリーム … 100mℓ
［桃のマリネ］
　桃 … 1個
　レモン果汁 … 大さじ1
　グラニュー糖 … 大さじ1
ラズベリージャム … 大さじ1
粉砂糖、セルフィーユ、
　スライスアーモンド（好みで）… 各適量

下準備

- バターは室温に戻してやわらかくする。
- 桃は食べやすく切り、レモン果汁とグラニュー糖をまぶす。空気に触れないようラップで覆い、マリネにする。
- スライスアーモンドはから煎りする。

作り方

1. フライパンにバターと粉砂糖を入れ、ゴムべらで練り混ぜる。

2. 卵液を加えてさらに混ぜる。薄力粉、アーモンドパウダー、塩をざるなどでふるい入れ、切るように混ぜる。

3. なじんだら、手に薄力粉（分量外）をつけながらフライパンの底いっぱいに丸くのばす。冷蔵庫に入れて10分ほど休ませる。

4. ふたをしてごく弱火にかけ、15分ほど焼き、ひっくり返してさらに5分ほど焼く。そのまましっかり冷ます。

5. マスカルポーネクリームを作る。ボウルにマスカルポーネ、グラニュー糖、はちみつを入れて泡立て器で混ぜ、生クリームを少しずつ加え、そのつど泡立てる。ピンとつのが立ったらできあがり。

6. 4にラズベリージャムを塗り、5をスプーンでラフにのせ、桃のマリネを飾る。あればセルフィーユとアーモンドを散らし、ふちに粉砂糖をふる。

№ 04

ブルーベリーと
クリームチーズのタルト

チーズの塩味を効かせたクリームとブルーベリーの相性は、大人っぽい味。
生地にはポピーシードとレモンのほろ苦さを加えて印象深くします。
ブルーベリーがなくても、クリームと生地でおいしくいただけるタルトです。

材料 （底の直径約16cmのフライパン1台分）

バター … 40g
粉砂糖 … 30g
卵液 … 1/2個分
薄力粉 … 70g
アーモンドパウダー … 30g
塩 … ひとつまみ
ポピーシード … 小さじ1
レモンの皮のすりおろし … 1/2個分
［ クリーム ］
　クリームチーズ … 100g
　グラニュー糖 … 30g
　生クリーム … 100mℓ
ブルーベリージャム … 大さじ1
ブルーベリー … 1パック
レモンの皮のすりおろしやスライス
　（好みで）… 各少々

下準備

● バターとクリームチーズは室温に戻してやわらかくする。

作り方

1 フライパンにバターと粉砂糖を入れ、ゴムべらで練り混ぜる。

2 卵液を加えてさらに混ぜる。薄力粉、アーモンドパウダー、塩をざるなどでふるい入れ、切るように混ぜ、ポピーシード、レモンの皮のすりおろしを加えて混ぜる。

3 なじんだら、手に薄力粉（分量外）をつけながらフライパンの底いっぱいに丸くのばす。べたつくようなら冷蔵庫に入れて10分ほど休ませる。

4 ふたをしてごく弱火にかけ、10分ほど焼く。ひっくり返してふたをせずに10分ほど焼く。そっと取り出して冷ます。

5 クリームを作る。ボウルにクリームチーズとグラニュー糖を入れて泡立て器ですり混ぜる。

6 別のボウルで生クリームをピンとつのが立つまで泡立て、5を加えてさっくり混ぜる。

7 4にブルーベリージャムを塗り(**a**)、6をスプーンでのせ(**b**)、ブルーベリーを散らす。レモンの皮やスライスを添える。

a

b

No.05

洋なしとチョコレートのタルト

生地もフィリングもチョコレートで。
ただ、チョコの下には洋なしの果肉が
たっぷり隠れているので、見た目よりも
ジューシーです。ルックスのインパクト大だから、
プレゼントにもぴったりなのでは？

材料 （底の直径約16cmのフライパン1台分）

バター … 40g
粉砂糖 … 30g
卵液 … 1/2個分
薄力粉 … 80g
アーモンドパウダー … 20g
無糖ココア … 10g
洋なし（缶詰）… 1個分（2切れ）

［ガナッシュ］
生クリーム … 60ml
チョコレート … 50g
卵黄 … 1個分
無糖ココア（仕上げ用）
　… 小さじ1

下準備

● バターは室温に戻してやわらかくする。

作り方

1 フライパンにバターと粉砂糖を入れ、ゴムべらで練り混ぜる。

2 卵液を加えてさらに混ぜる。薄力粉、アーモンドパウダー、ココアをざるなどでふるい入れ、切るように混ぜる。

3 なじんだら、手に薄力粉（分量外）をつけながら丸くのばし、ふちはフライパンのへりに押しつけて高さを出す（1cm以内）。冷蔵庫に入れて10分ほど休ませる。

4 ふたをして弱火にかけ、15〜20分焼く。

5 洋なしは1切れを厚さ5mmのスライスにし、形を崩さないように、軸側からパレットナイフを差し入れてのせ、奥に押し倒しながら4に入れる。もう1切れは角切りにして散らす。

6 ガナッシュを作る。生クリームを沸騰直前まで温めて火を止める。刻んだチョコレートと卵黄を加えて溶かし混ぜる。

7 5に6をそっと注ぎ、ふたをしてごく弱火で10分ほど焼き、ふたをはずしてそのまま冷ます。仕上げに茶こしでココアをふる。よく冷やすとおいしい。

 No.06

オレンジとキャラメルのタルト

オレンジは皮のおいしい苦味を
楽しみたいので国産が安心です。
キャラメルは、市販されているものを散らすだけ。
きっちりした甘さがオレンジ、アーモンドと合い、
手軽なのに本格的な味になるのです。

材料 （底の直径約16cmのフライパン1台分）

オレンジ … 2個
グラニュー糖 … 50g
水 … 100ml
グランマニエ … 大さじ1
バター … 40g
粉砂糖 … 30g
卵液 … 1/2個分
薄力粉 … 70g
アーモンドパウダー … 30g
市販のキャラメル … 3粒
スライスアーモンド
　… 大さじ1

下準備

● バターは室温に戻してやわらかくする。
● スライスアーモンドはから煎りする。

作り方

1 小鍋に、よく洗ってスライスしたオレンジ、グラニュー糖と分量の水を入れて中火にかけ、ワタの部分が透き通ってくるまで煮る（a）。グランマニエを加えて香りをつける。

2 フライパンにバターと粉砂糖を入れ、ゴムべらで練り混ぜる。

3 卵液を加えてさらに混ぜる。薄力粉とアーモンドパウダーをざるなどでふるい入れ、切るように混ぜる。

4 なじんだら、手に薄力粉（分量外）をつけながらフライパンの底いっぱいに丸くのばす。べたつくようなら冷蔵庫に入れて10分ほど休ませる。

5 ふたをしてごく弱火にかけ、15分ほど焼く。

6 1をのせ、ざく切りにしたキャラメルを散らし、ふたをせずに10分ほど焼く。そのまま冷まし、仕上げにアーモンドを散らす。

a

タルト・タタン

フランス伝統の味、タルト・タタンだってフライパンで作れます。
溶かしバターで作るかんたんなパイ生地は甘さ控えめでサクサク。
キャラメルりんごは甘さを効かせ、めりはりを。無糖のホイップクリームやバニラアイスを添えて。

材料（底の直径約16cmのフライパン1台分）

［キャラメルりんご］
　りんご（できれば紅玉）…3〜4個
　グラニュー糖…100g

［パイ生地］
　バター…40g
　薄力粉…50g
　強力粉…50g
　グラニュー糖…小さじ2/3
　塩…ひとつまみ
　ベーキングパウダー…ひとつまみ(1g)
　水…20〜30ml

作り方

1　キャラメルりんごを作る。りんごは皮をむき、芯を除いて8等分のくし形切りにする。

2　フライパンに80gのグラニュー糖を入れて中火にかけ、いじらずにおく。溶けたらざっと混ぜ、全体がキャラメル色になったら(**a**)りんごと残りのグラニュー糖を入れ、りんごもキャラメル色になるまで5分ほどゆっくりソテーする。

3　フライパンの中でりんごを交互に上下になるよう並べ直す(**b**)。ふたをして5〜10分ほど煮て、ふたをとってさらに5分ほど、水分を煮詰める。そのまま冷ます。

4　パイを作る。大きめのフライパンでバターを溶かす。

5　ボウルに薄力粉、強力粉、グラニュー糖、塩、ベーキングパウダーを入れ、箸でさっくり混ぜる。

6　4をゴムべらでしっかりこそげて5に加え、大きなかたまりができるまで箸で大きく混ぜ、そぼろ状になるまで手ですり混ぜる。分量の水を加えて混ぜ、ひとかたまりにする。

7　ラップを大きく切り出し、6を挟んでめん棒で直径18cmほどの丸形にのばす。

8　ラップを外して4のフライパンに戻し入れ、ふたをしてごく弱火で10分ほど焼き、焼き色がついていなければ少し火を強めてこんがりするまで2〜3分焼く。ひっくり返してふたをせずに10分ほど焼く(**c**)。

9　3のフライパンに8と皿を順にかぶせ、フライパンごと返してりんごを生地にのせながら皿にのせる（フライパンが冷えているとりんごがはずれにくいので、その場合は、数秒火にかけるとよい）。

a

b

c

Part. 3

Frying pan cakes

フライパン
ケーキ

焼きっぱなしでクリームなどを飾ったり、返してまあるい焼き面を楽しんだり。質感もふっくら、しっとり、フライパンで焼くケーキはいろんな表情を見せてくれます。ベーシックなケーキをご紹介するので、バリエーションを楽しんでみてください。

№ 01

バナナケーキ

まずはベーシックなバナナケーキで
試してみましょう。ボウルを使い、
オーブンで焼く場合とほぼ同じ生地のレシピです。
大小のフライパンを使った「返し」のワザもマスター！

材料 （底の直径約16cmのフライパン1台分）

バナナ … 1本
バター … 100g
きび砂糖 … 80g
卵 … 2個
薄力粉 … 130g
ベーキングパウダー
　… 小さじ1弱(3g)
塩 … ひとつまみ

[トッピング]
生クリーム … 100ml
グラニュー糖 … 大さじ1/2
バナナ … 1本
きび砂糖 … 小さじ1
ラム酒 … 少々
くるみ … 大さじ2

下準備

- バターは室温に戻してやわらかくする。
- 卵は室温に戻す。
- 下の図のようにオーブンシートを折り、フライパンに敷き込む。

① 　② 　③ 　④

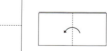

フライパンのサイズより少し大きめの、正方形に切ったオーブンシートを
①〜④の順で折る。

⑤ 　⑥ 　

三角形にとび出した
部分を切り落とす。

両側の輪になってい
る部分に5cmほど切
り込みを入れる。

開いてできあがり

1 バナナをつぶす

生地用のバナナはフォークやゴムベらでつぶします。色が変わりやすいので、2以降も手早く！

2 ボウルでバターときび砂糖を練り混ぜる

タルト同様、扱いやすい生地になるよう、溶かしバターではなくクリーム状のバターを使います。きび砂糖は溶けにくいので泡立て器を使って。

3 卵を少しずつ加えて混ぜる

卵はよく溶き、3～4回に分けて少しずつ加え、そのつどなじませるように泡立て器で混ぜます。分離しても粉を加えればまとまるのでご安心を。

4 粉類の半量をまとめてふるい入れる

ざるなどに薄力粉、ベーキングパウダー、塩を入れて半量ふるい入れ、ここでは泡立て器でしっかり混ぜます。

5 バナナを加えて混ぜる

ゴムべらに持ち替え、1のバナナを加えます。大きく底からすくうように混ぜましょう。練らないようにご注意を。

6 残りの粉を混ぜる

残りの粉類をふるい入れ、ゴムべらでさっくり混ぜます。

7 フライパンに流し入れる
オーブンシートを敷き込んだフライパンに流し入れ、ゴムべらで平らにならします。

8 ごく弱火で15〜20分
🔥 ごく弱火

ふたをして大きい方のコンロで弱〜い火にかけ、じっくり焼きます。できるかぎり弱火にしますが、あまり弱くできない場合は網などにのせて火との距離を作ります。

9 表面が乾いてきたらふたをとる
🔥 ごく弱火

中央までしっかり乾ききるのを待っていると焦げることも。返してからも焼くので、中央が少しゆれるくらいでも大丈夫です。

10 大きいフライパンを使ってひっくり返す

小型フライパンに大きめのフライパンをかぶせます。そのまま返し、小さい方のフライパンをはずして。失敗なく返すコツです。オーブンシートをはがします。

Finish!

13
トッピングを飾る

トッピング用のバナナは輪切りにし、きび砂糖とラム酒をまぶします。バナナと粗く砕いたくるみをクリームの上に散らせばできあがり！ トッピングなしでもおいしく食べられるケーキです。

11
逆面を焼く

焦げてる？と思うくらいしっかり焼くのがおいしい！ そのままふたをせず、5～10分焼きます。粗熱がとれたら取り出し、しっかり冷まして。温かいうちにクリームをかけると溶けて流れてしまいます。

🔥 ごく弱火 ▶ 冷ます

12
クリームを塗る

トッピング用の生クリームはグラニュー糖を加え、とろんとした7分立てに。11の生地がしっかり冷めたら、スプーンなどを使って波打つように塗ります。

キャロットケーキ

少しもっちり焼き上がり、コクのある味わい。
チーズ風味のフロスティングをかければ子どもたちもよろこんで食べてくれそうです。
ミキサーがある方はより手軽な作り方②をお試しください。

材料（底の直径約16cmのフライパン1台分）

にんじん … 小2本(約200g)
薄力粉 … 160g
きび砂糖 … 100g
アーモンドパウダー … 40g
重曹 … 小さじ 2/3
シナモンパウダー … 小さじ 1/2
卵 … 2個
食用油(太白ごま油など) … 大さじ 6
くるみ … 60g
［ クリームチーズフロスティング ］
　クリームチーズ … 100g
　粉砂糖 … 60g
　バター … 30g
くるみ(飾り用) … 適量

下準備

- クリームチーズとバターは室温に戻してやわらかくする。
- P.54の手順でオーブンシートを準備し、フライパンに敷き込む。

作り方 ❶

1　にんじんはすりおろす。
2　ボウルに薄力粉、きび砂糖、アーモンドパウダー、重曹、シナモンパウダーを入れ、泡立て器でぐるぐる混ぜる。
3　2の真ん中に溶いた卵、食用油、1を少しずつ入れ、ゆっくり混ぜる。混ざりきったらくるみを加えて混ぜる。
4　フライパンに流し入れ、ふたをしてごく弱火で20分ほど焼く。周りがかたまってきたら火を止め、ふたをしたまま余熱で10分ほど蒸らす。
5　ふたをとってそのままフライパンで冷ます。
6　クリームチーズフロスティングを作る。小さめのボウルにクリームチーズを入れてほぐし、粉砂糖、バターを順に加えてよく混ぜる。
7　5に6をラフに塗って仕上げ、飾り用のくるみを散らす。

作り方 ❷

1　ぶつ切りにしたにんじん、卵、食用油をミキサーでペースト状にする。
2　ボウルに薄力粉、きび砂糖、アーモンドパウダー、重曹、シナモンパウダーを入れて泡立て器でぐるぐる混ぜる。
3　2の真ん中に1を少しずつ流し入れ、ゆっくり混ぜる。混ざりきったらくるみを加えて混ぜる。
4　作り方❶と同様に焼き、仕上げる。

N.Y.チーズケーキ

湯せん焼き風のしっとりした仕上がりは、フライパンが得意とするところです。ですから、チーズケーキはフライパンにぴったり！ 冷蔵庫に1日おくと生地が締まり、よりしっとりおいしくなります。

材料
（底の直径約16cmのフライパン1台分）

バター … 25g
クリームチーズ … 200g
生クリーム … 90mℓ
バニラビーンズ … 1/3本
グラニュー糖 … 60g
卵 … 1個
卵黄 … 1個分
薄力粉 … 大さじ1
グラノーラ … 20g

下準備

- クリームチーズは室温に戻す。
- グラニュー糖に縦に切り目を入れたバニラビーンズを入れ、指でこそげて混ぜる。そのまま置いて、香りを移し、さやを除く。
- P.54の手順でオーブンシートを準備する。

作り方

1 フライパンにバターを入れ、中火にかける。溶けはじめたら早めに火を止め、余熱で全体を溶かす。粗熱がとれるまで冷ます。

2 ボウルにクリームチーズ、生クリーム、バニラビーンズ入りのグラニュー糖を入れて泡立て器でなめらかになるまで混ぜる。溶いた卵、卵黄を加えよく混ぜる。

3 1の溶かしバターを加えて混ぜる。さらに薄力粉をふるい入れ、さっくりと混ぜる。

4 フライパンをキッチンペーパーでざっとぬぐい、オーブンシートを敷き込む。

5 3を流し入れ、ふたをして弱火で15分ほど焼く。

6 表面がほぼ乾いたら火を止め、ふたをしたまま余熱で20分ほど蒸らす。

7 ふたをしたまま冷蔵庫に入れ、30分以上冷やす。仕上げにグラノーラを散らす。

ラムとコーヒーの
チーズケーキ

チーズケーキの大人アレンジ。表面に濃いコーヒーを
ランダムにたらし、ドラマティックに仕上げます。
コーヒーにシナモンパウダーを加えても、
また新しいおいしさになります。

材料（底の直径約16cmのフライパン1台分）

P.60「N.Y.チーズケーキ」の
バニラビーンズ以外の材料 … 全量
レーズン … 20g
ラム酒 … 大さじ1
市販のブラックココアクッキー
　（2枚組みならはがしたもの）… 6枚
インスタントコーヒー … 小さじ2
湯 … 小さじ1/2

下準備

- レーズンは湯通しし、水けを切ってラム酒に浸す。
- P.54の手順でオーブンシートを準備し、フライパンに敷き込む。

作り方

1 P.60「N.Y.チーズケーキ」の下準備と作り方 **1～3** で生地を作り、ラムレーズンを混ぜる。

2 フライパンにブラックココアクッキーを並べ、**1** を流し入れる。

3 インスタントコーヒーと分量の湯を混ぜ、**2** にたらす。「N.Y.チーズケーキ」と同様に焼き、冷ます。

ガトーショコラ

粉が少なめなので、とてもしっとりとした口当たり。
チョコたっぷりのレシピなので、ちょっとよいものを使いたいところです。
私はヴァローナ社の「グアナラ」(カカオ分70%) で、ビターな味に仕上げました。

材料 (底の直径約16cmのフライパン1台分)

チョコレート(ビター)… 120g
バター… 100g
卵… 2個
グラニュー糖… 50g
薄力粉… 20g
［ トッピング ］
　生クリーム… 100ml
　グラニュー糖… 大さじ1/2
　ブランデー(お好みで)… 少々

下準備

- P.54の手順でオーブンシートを準備し、フライパンに敷き込む。

作り方

1 チョコレートは刻み、バターとともに耐熱ボウルに入れ、湯せんで溶かす(**a**)。

2 卵は卵白と卵黄に分ける。ボウルに卵黄を入れて泡立て器でほぐし、1/4量のグラニュー糖を加えてすり混ぜる。白っぽくなったら1を加えてよく混ぜる。

3 別のボウルに卵白を入れ、ハンドミキサーで線がかけるくらいまで泡立てる。残りのグラニュー糖を少しずつ加え、ピンとつのが立つまで泡立てる(**b**)。

4 **2**に半量の**3**を加え、泡立て器でしっかり混ぜる。残りの**3**を加えたらゴムべらに持ち替え、さっくりと混ぜる。

5 薄力粉をざるなどでふるい入れ、さっくりと混ぜる。

6 フライパンに流し入れ、ふたをして、ごく弱火で20分ほど焼く。周囲がかたまってきたら火を止め、ふたをしたまま余熱で10分ほど、冷めるまで蒸らす。

7 もし、火が入りにくいようなら、オーブンシートをのせ、大きめのフライパンをかぶせてひっくり返し、追加で5分ほど焼く。

8 トッピングの材料を合わせて泡立て、添える。

a

b

No.06
キャラメルバナナの
ガトーショコラ

ガトーショコラにちょっとしたアクセントを。
ここでは加熱したバナナのとろっとした甘みを活かしました。
キャラメルバナナの代わりに金柑の甘煮、冷凍ラズベリー、
オレンジマーマレードなどを入れてもおいしいです。

材料 （底の直径約16cmのフライパン1台分）

P.62「ガトーショコラ」の材料
［ キャラメルバナナ ］
 バナナ … 大1本
 グラニュー糖 … 大さじ2
 水 … 小さじ1
 ラム酒 … 大さじ1と1/2

下準備

● P.54の手順でオーブンシートを準備し、
 フライパンに敷き込む。

作り方

1 キャラメルバナナを作る。バナナは幅1cm
 の輪切りにする。

2 フライパンにグラニュー糖を広げるように
 入れ、分量の水を加え、強火にかける。

3 ふちから色が変わり、全体がキャラメル色
 になったら1を入れて弱火で炒める。ラ
 ム酒をふり、絡める(**a**)。

4 P.62「ガトーショコラ」の下準備と作り方1
 〜5で生地を作り、3を散らし、同様に
 焼く。

グラニュー糖はギリ
ギリまで焦がし、ほ
ろ苦いキャラメルに。

a

パイナップルの
アップサイドダウンケーキ

ちょっと手間が掛かるケーキですが、テーブルに出したときの歓声がうれしい！
ヨーグルト入りの爽やかな生地がパインとなじんだ味わいもひとしおです。
ひっくり返すときは慎重にならず、思い切って返すのがコツ。

材料（底の直径約16cmのフライパン1台分）

［キャラメルパイナップル］
- パイナップル（缶詰）… 4切れ
- グラニュー糖 … 大さじ5
- 水 … 大さじ1
- はちみつ … 小さじ1

くるみ … 7粒

［生地］
- パイナップル（缶詰）… 2切れ
- バター … 50g
- グラニュー糖 … 80g
- 卵 … 2個
- 薄力粉 … 100g
- ベーキングパウダー … 小さじ1弱(3g)
- プレーンヨーグルト … 100g
- レモンの皮のすりおろし … 少々

下準備

- ヨーグルトは30分以上水切りし、50gにする。
- バターは室温に戻してやわらかくする。
- 卵は室温に戻す。

作り方

1 キャラメルパイナップルを作る。パイナップルは1切れを残して半分に切る。

2 フライパンにグラニュー糖と分量の水を入れて中火にかけ、いじらずにおく。溶けたらざっと混ぜ、はちみつを入れてへらで混ぜる。全体がキャラメル色になったら(**a**)、底にぬれ布巾を当てて温度を下げる。

3 パイナップルの切っていない1切れを中央に置き、残りを並べ入れ、すき間にくるみを入れる(**b**)。

4 生地を作る。パイナップルは1cm角に切る。

5 ボウルにバターとグラニュー糖を入れ、泡立て器ですり混ぜる。溶いた卵を少しずつ加え、そのつどすり混ぜる。

6 薄力粉とベーキングパウダーを合わせ、半量を4にふるい入れ、泡立て器でしっかりと混ぜる。

7 水切りヨーグルトを加えて混ぜ、残りの粉類をふるい入れ、ゴムべらに持ち替えてさっくりと混ぜる。4とレモンの皮を加えてさらに混ぜる。

8 7を3のフライパンに流し入れ、ごく弱火で20分ほど焼く。大きめのフライパンをかぶせてひっくり返し、ふたをせずに5分ほど焼く。

a

b

柿とりんごの
アップサイドダウンケーキ

和風アレンジのアップサイドダウンです。りんごか柿、片方でも両方でもおいしくできます。柿を使う場合は、ぜひ完熟を。果肉がとろりとして、キャラメルととても合うからです。隠し味の白味噌で、コクのある生地に。もしくは、P.67の生地でも作れます。

材料（底の直径約16cmのフライパン1台分）

[キャラメルりんご、柿]
- りんご（小、できれば紅玉）…1個
- 柿（大）…1個
- ※または、りんごか柿どちらかを2個
- グラニュー糖…大さじ5
- 水…大さじ1

[生地]
- バター…50g
- きび砂糖…80g
- 白味噌（あれば）…小さじ2
- ゆずの皮のすりおろし…少々
- 卵…2個
- 薄力粉…100g
- ベーキングパウダー…小さじ1/2（2g）
- プレーンヨーグルト…100g

下準備
- ヨーグルトは30分以上水切りし、50gにする。
- バターは室温に戻してやわらかくする。
- 卵は室温に戻す。

作り方

1 キャラメルりんご、柿を作る。りんご、柿は皮と芯を除き、8等分のくし形に切る。

2 フライパンにグラニュー糖と分量の水を入れて中火にかけ、いじらずにおく。全体がキャラメル色になったら（a）、底にぬれ布巾を当てて温度を下げる。1を並べ入れる（b）。

3 生地を作る。ボウルにバター、きび砂糖、白味噌、ゆずの皮を入れ、泡立て器ですり混ぜ、溶いた卵を少しずつ加え、そのつどすり混ぜる。

4 薄力粉とベーキングパウダーをあわせ、半量をふるい入れ、泡立て器でしっかりと混ぜる。

5 ヨーグルトを加えて混ぜ、残りの粉類をふるい入れ、ゴムべらに持ち替えてさっくりと混ぜる。

6 フライパンに流し入れ、ごく弱火で20分ほど焼く。大きめのフライパンをかぶせてひっくり返し、ふたをせずに5分ほど焼く。

a

b

マロンケーキ

市販のマロンクリームと渋皮煮で作るリッチなケーキ。
ここでは一般的な1缶を使い切れるレシピにしました。トップにも軽いマロンのクリームをあしらい、隅から隅まで、栗。一年中作れるけれど秋らしい、こっくりした味になりました。

材料（底の直径約16cmのフライパン1台分）

マロンクリーム(a) … 160g
バター … 100g
きび砂糖 … 大さじ2
卵 … 2個
薄力粉 … 90g
ベーキングパウダー … 小さじ1/2（2g）
コーンスターチ … 20g
栗の渋皮煮 … 80g
［ トッピング ］
　マロンクリーム
　　… 1缶の残り（または70g前後）
　生クリーム … 100mℓ
　栗の渋皮煮、ピスタチオ（各あれば）
　　… 各適量

下準備

- バターは室温に戻してやわらかくする。
- 卵は室温に戻す。
- P.54の手順でオーブンシートを準備し、フライパンに敷き込む。

作り方

1. ボウルにマロンクリーム、バター、きび砂糖を入れ、泡立て器ですり混ぜる。
2. 溶いた卵を少しずつ加え、そのつど混ぜる。
3. 薄力粉、ベーキングパウダー、コーンスターチをふるい入れ、さっくりと混ぜる。ざく切りにした栗の渋皮煮を加え、混ぜる。
4. フライパンに流し入れ、ふたをして20分ほど焼く。大きめのフライパンをかぶせてひっくり返し、ふたをせずに5分ほど焼く。取り出して冷ます。
5. トッピングのマロンクリームに生クリームを少しずつ加え、そのつど泡立て器で混ぜる。4にたっぷりと塗り、砕いた栗の渋皮煮とピスタチオを散らす。

a
手に入りやすいのはサバトン（250g）かボンヌママン（225g）。どちらもフランス製です。トッピングに使う分量で調整し、1缶使い切ります。

グレープフルーツと マンゴーのクラフティ

もっちりおいしいクラフティ。甘い生地に苦味と酸味のバランスがおいしいフィリングです。
グレープフルーツはクラフティにぴったり。水分が多いので、
ドライフルーツを合わせて水分を吸ってもらうとちょうどいい仕上がりになります。
フライパンにバターとグラニュー糖を塗って、カリッとしたところもおいしい！

材料 （底の直径約16cmのフライパン1台分）

グレープフルーツ … 1個
　　（ここではホワイトとルビーを1/2個ずつ）
グラニュー糖 … 60g
ドライマンゴー … 25g
卵 … 1個
卵黄 … 1個分
牛乳 … 250ml
薄力粉 … 50g
A　バター … 大さじ1
　　グラニュー糖 … 大さじ2

下準備

- フライパンにAのバターをまんべんなく塗り、グラニュー糖をふちまでしっかりまぶす。

作り方

1. グレープフルーツの上下を切り落とし、外側の皮を薄皮ごと厚めにむく。房の薄皮と果肉の間に包丁を入れ、ひと房ずつ果肉を取り出す。

2. 大きめのフライパンに半量のグラニュー糖を入れて中火にかけ、いじらずにおく。溶けたらざっと混ぜ、全体がキャラメル色になったら、1を入れ、果汁を煮詰めるように煮る。刻んだドライマンゴーを加えてあえる（a）。

3. ボウルに卵、卵黄、牛乳を入れてよく混ぜる。

4. 別のボウルに薄力粉と残りのグラニュー糖を入れて混ぜ、3を少しずつ加え、そのつど混ぜる。だまができたらざるなどでこす。

5. フライパンに4を流し入れ、ふたをして5分ほど焼く。2を散らし、再度ふたをしてさらに15分ほど焼く。

a

No.11

メープルパンプキンケーキ

溶かしバターを使ったかんたんケーキ。甘さは控えめで、
かぼちゃの優しい味を活かして、ほっくり。サワークリームを使うのでしっとり軽く仕上がります。
熱いうちにメープルシロップを塗ってしみ込ませてもおいしいです。

材料 （底の直径約16cmのフライパン1台分）

かぼちゃ … 100g
メープルシロップ（かぼちゃ用）… 大さじ2
バター … 100g
メープルシロップ … 50mℓ
卵 … 1個
きび砂糖 … 60g
サワークリーム … 90g
薄力粉 … 150g
重曹 … 小さじ1/2
シナモンパウダー、粉砂糖 … 各適量

下準備

- 卵は室温に戻す。
- P.54の手順でオーブンシートを準備し、フライパンに敷き込む。

作り方

1 かぼちゃは種を除き、電子レンジで4分ほど加熱する。ひと口大に切り、かぼちゃ用のメープルシロップをあえる（**a**）。

2 耐熱ボウルにバター、メープルシロップを入れてラップをかけ、電子レンジで1分ほど加熱し、バターを溶かす。ラップをはずして泡立て器でよく混ぜ、粗熱をとる。

3 別のボウルに卵ときび砂糖を入れ、泡立て器できび砂糖がしっかり溶けるまで混ぜる。

4 **2**を加えてさっと混ぜ、さらにサワークリームを加えてよく混ぜる。

5 薄力粉と重曹を合わせてざるなどでふるい入れ、ゴムべらで底から返すようにさっくり混ぜる。

6 フライパンに流し入れ、**1**を散らし、ふたをしてごく弱火で15分焼き、大きめのフライパンをかぶせてひっくり返し、ふたをせずに5分ほど焼く。粗熱をとり、仕上げにシナモンと粉砂糖をふる。

a

ゆずアイシングケーキ

生地にもアイシングにもゆずの果汁をふんだんに使った、とても爽やかなケーキです。
蒸し焼きにした生地がとてもしっとりしているので、さくっとした歯応えのアイシングをたっぷり。
ゆずがなければ、レモンやライムでも同様に作れます。

材料（底の直径約16cmのフライパン1台分）

バター … 100g
きび砂糖 … 90g
卵 … 2個
薄力粉 … 110g
ベーキングパウダー … 小さじ1/2（2g）
ゆず果汁 … 小さじ2
ゆずの皮のすりおろし … 少々
［ ゆずアイシング ］
　粉砂糖 … 70g
　ゆず果汁 … 小さじ1と1/2
ゆずの皮のみじん切り … 少々

下準備

- バターは室温に戻してやわらかくする。
- 卵は室温に戻す。
- P.54の手順でオーブンシートを準備し、フライパンに敷き込む。

作り方

1 ボウルにバターときび砂糖を入れ、泡立て器ですり混ぜる。

2 溶いた卵を少しずつ加え、そのつどすり混ぜる。

3 薄力粉とベーキングパウダーをふるい入れ、ゴムべらに持ち替えてさっくりと混ぜる。さらにゆず果汁と皮のすりおろしを加え、混ぜる。

4 フライパンに流し入れ、ふたをして20分ほど焼く。大きめのフライパンをかぶせてひっくり返し、ふたをせずに5分ほど焼く。焼き色が薄い方を上にして取り出し、冷ます。

5 ゆずアイシングを作る。粉砂糖にゆず果汁を加えて練り混ぜる（**a**）。4にまんべんなくかけ、乾かす。仕上げにゆずの皮のみじん切りを散らす。

a
容器に粉砂糖を入れ、中央に果汁を少しずつたらし、広げるように混ぜていきます。

焼きいものフィナンシェ しょうが風味

バターとアーモンドパウダーをふんだんに使い、
焼きいもを入れてもしっかりとフランス菓子です。
焼きたてよりも、翌日からがおいしく、
日を追うごとにしっとりしていく様子を楽しんで。

材料
（底の直径約16cmのフライパン1台分）

バター … 100g
アーモンドパウダー … 60g
薄力粉 … 40g
粉砂糖 … 75g
卵白 … 3個分
メープルシロップ … 大さじ2
しょうがのすりおろし … 小さじ1/3
焼きいも（小）… 2本

下準備
- P.54の手順でオーブンシートを準備し、フライパンに敷き込む。

作り方

1 小鍋にバターを入れて中火にかけ、少し茶色く色づいたら茶こしでこす。温かい場所に置き、ぬるい状態を保つ。

2 ボウルにアーモンドパウダーと薄力粉をふるい入れ、粉砂糖を加え、泡立て器でざっと混ぜる。

3 泡立て器で随時混ぜながら卵白を少しずつ加え、全体をなじませる。さらに1、メープルシロップ、しょうがのすりおろしを加えて混ぜる。冷蔵庫で1時間以上休ませる（そのまま2～3日は保存可能）。

4 フライパンに流し入れ、輪切りにした焼きいもを並べ、ふたをし、ごく弱火で20分ほど焼く。焼き色がついたら大きめのフライパンをかぶせてひっくり返し、ふたをせずに5～10分焼く。

№ 14

ラズベリーのマドレーヌ

型がなくてもマドレーヌは焼けます。
マドレーヌ生地はバターが多い配合で、はちみつの風味。
ラズベリーを散らして味も見た目も鮮やかに仕上げましたが、
なにも入れずにそのまま焼いても、おいしい生地です。

材料
（底の直径約16cmのフライパン1台分）

グラニュー糖 … 40g
卵 … 1個
牛乳 … 小さじ2
はちみつ … 15g
薄力粉 … 70g
ベーキングパウダー … 小さじ1(4g)
バター … 70g
冷凍ラズベリー … 30g

下準備

- P.54の手順でオーブンシートを準備し、フライパンに敷き込む。

作り方

1. ボウルにグラニュー糖と卵を入れ、泡立て器でよく混ぜる。
2. 牛乳とはちみつを加え、さらに混ぜる。
3. 薄力粉とベーキングパウダーを合わせてざるなどでふるい入れ、ゴムべらに持ち替えてさっくり混ぜる。
4. バターは湯せんか電子レンジで溶かし、3に加えて混ぜる。
5. ラップをかけ、冷蔵庫で1時間以上休ませる。
6. フライパンに流し入れ、冷凍ラズベリーを散らし、ふたをし、ごく弱火で15〜20分焼く。焼き色がついたら大きめのフライパンをかぶせてひっくり返し、ふたをせずに5〜10分焼く。

ブランデーケーキ

ドライフルーツをブランデーに漬け、そのまま生地に混ぜて焼き上げます。
ブランデーをしみ込ませて仕上げるので、なじんだ2日目以降が食べごろ。
1週間ほどはじっくり楽しめます。甘さ控えめのホイップクリームを添えてどうぞ。

材料（底の直径約16cmのフライパン1台分）

バター … 100g
きび砂糖 … 90g
卵 … 2個
アーモンドパウダー … 50g
薄力粉 … 70g
ベーキングパウダー … 小さじ1/2(2g)
好みのドライフルーツ
　（いちじく、レーズン、オレンジピールなど）
　　… 計100g
ブランデー … 100mℓ
［トッピング］
　生クリーム … 100mℓ
　グラニュー糖 … 大さじ1

下準備

- 半量のブランデーに、ざく切りにしたドライフルーツを漬ける。1日以上漬けるとおいしい。
- バターは室温に戻してやわらかくする。
- 卵は室温に戻す。
- P.54の手順でオーブンシートを準備し、フライパンに敷き込む。

作り方

1　ボウルにバターときび砂糖を入れ、泡立て器ですり混ぜる。

2　溶いた卵を少しずつ加え、そのつどすり混ぜる。アーモンドパウダーを加えて混ぜる。

3　薄力粉とベーキングパウダーをふるい入れ、ゴムべらに持ち替えてさっくりと混ぜる。粉けが残っているくらいで漬けておいたドライフルーツをブランデーごと加え、混ぜる。

4　フライパンに流し入れ、ふたをして20分ほど焼く。大きめのフライパンをかぶせてひっくり返し、ふたをせずに5分ほど焼く。あたたかいうちにオーブンシートをはがし、残りのブランデーを塗る（**a**）。

5　粗熱がとれたらラップで全体を包んで（**b**）、冷蔵庫に入れる。翌日からがおいしい。食べるときに、トッピングの材料を合わせて泡立て、添える。

a

b

カフェ・オ・レの
パンプディング

パンは角切りにした食パンやクロワッサンなど、お好きなもので。どれも、一度トーストしてカリッとさせるのがポイントです。アツアツでも、冷やしてもおいしく、朝ごはんにもおすすめ。

材料（底の直径約16cmのフライパン1台分）

バゲット … 1/2本
インスタントコーヒー
　… 小さじ2
湯 … 小さじ2
卵 … 3個
生クリーム … 200mℓ
牛乳 … 200mℓ
きび砂糖 … 大さじ1
ドライクランベリー … 大さじ1
ホワイトチョコレート … 適量
ピーカンナッツ（あれば）
　… 5粒ほど
メープルシロップ … 大さじ1

作り方

1 バゲットは厚さ1cmほどにスライスし、カリッとするまでトーストする。

2 ボウルに、インスタントコーヒーと湯を入れて溶く。卵、生クリーム、牛乳、きび砂糖を入れてよく混ぜ、ざるなどでこす。

3 フライパンに**1**を並べ入れ、**2**を注ぎ入れる。ふたをして15分ほど焼く。

4 かたまってきたら、ドライクランベリー、適当に割ったホワイトチョコレート、ピーカンナッツを散らす。

5 再度ふたをして10分ほど焼き、仕上げにメープルシロップをたらす。

ぶどうのケーキ

最近は種なしで皮ごと食べられるぶどうが増え、ケーキに使いやすくなりました。
ぶどうはシンプルなアーモンド生地によく合います。
果汁を受け止めた生地のおいしさはひとしおです。

材料（底の直径約16cmのフライパン1台分）

- バター … 80g
- 粉砂糖 … 80g
- 卵 … 2個
- 薄力粉 … 70g
- アーモンドパウダー … 70g
- ベーキングパウダー
    … 小さじ1弱（3g）
- ぶどう（種なしで皮ごと食べられるもの。
    または半分に切って種を除く）… 約15粒
- スライスアーモンド（好みで）… 適量

下準備

- バターは室温に戻してやわらかくする。
- 卵は室温に戻す。
- P.54の手順でオーブンシートを準備し、フライパンに敷き込む。
- スライスアーモンドはから煎りする。

作り方

1. ボウルにバターと粉砂糖を入れ、泡立て器ですり混ぜる。
2. 溶いた卵を少しずつ加え、そのつどすり混ぜる。
3. 薄力粉、アーモンドパウダー、ベーキングパウダーを合わせてふるい入れ、ゴムべらに持ち替えてさっくりと混ぜる。
4. フライパンに流し入れ、半分に切ったぶどうを外側から、切り口が上になるよう並べ入れて、ごく弱火で20分ほど焼く。大きめのフライパンをかぶせてひっくり返し、ふたをせずに5分ほど焼く。仕上げにスライスアーモンドを散らす。

デビルズフードケーキ

チョコホリックにたまらないケーキは「悪魔のケーキ」と呼ばれます。
重そうに見えて、生地はサワークリーム入りでホロホロ軽くビターな大人の味。
クリームをフラットに塗りたい場合は、半分に切ったら、上の部分を返してみて。

材料（底の直径約16cmのフライパン1台分）

バター … 100g
きび砂糖 … 100g
卵 … 2個
薄力粉 … 140g
無糖ココア … 15g
ベーキングパウダー … 小さじ1弱(3g)
サワークリーム … 90g
［チョコレートクリーム］
　生クリーム … 200mℓ
　チョコレート … 50g
［トッピング］
　溶かしたチョコレート（あれば）… 適量
　グリオットのキルシュ漬け（あれば）… 適量

下準備

- 生クリームを沸騰直前まで温めて火を止め、そのうちの50mℓを刻んだチョコレートに加え、ゆっくり混ぜて溶かす。残りの生クリームを少しずつ注ぎ、全体をなじませ、冷蔵庫でひと晩休ませる。
- 卵は室温に戻す。
- P.54の手順でオーブンシートを準備し、フライパンに敷き込む。

作り方

1 ボウルにバターときび砂糖を入れ、泡立て器ですり混ぜる。

2 溶いた卵を少しずつ加え、そのつどすり混ぜる。

3 薄力粉、ココア、ベーキングパウダーを合わせ、半量をふるい入れて泡立て器でしっかりと混ぜる。サワークリームを加えて混ぜ、残りの粉類を加え、ゴムべらに持ち替えてさっくりと混ぜる（**a**）。

4 フライパンに流し入れ、ふたをしてごく弱火で20分ほど焼く。大きめのフライパンをかぶせてひっくり返し、ふたをせずに5分ほど焼く。取り出して冷ます。

5 チョコレートクリームをピンとつのが立つまで泡立てる。

6 **4**の厚みを半分に切る。下半分に半量の**5**を塗り、上半分を切り口が上になるようにのせる。残りの**5**をトップに塗る（**b**）。あれば溶かしたチョコレートをたらし、グリオットを添える。

粉の量が多めのアメリカンなケーキの配合。粉は半分ずつ加え、間に水分のある食材を挟んで。

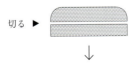

フライパンで焼いたお菓子を贈る
ラッピング

かんたんに焼ける、フライパンのお菓子。かわいくラッピングすれば
贈り物にもなります。「これ、フライパンで焼いたの」と言葉を添えれば、
みんなにびっくりされそう。クリスマスやバレンタインにもぜひどうぞ。

idea 01　厚紙を20cm角くらいの正方形に切ってワックスペーパーで覆い、中央に丸ごとのフライパンクッキーをのせ、そのまま幅22cmくらいのOPP袋に入れる。好きな紙で帯をつけ、ひもを結ぶ。

idea 02
ラッピング用紙とオーブンシートを25cm角くらいに切り、重ねて円すい状にする。8等分の放射状に切ったクッキーを入れて折り、テープでとめる。上部はしぼってリボンなどでとめる。

idea 03
ケーキやクッキーは細長く4〜5切れに切ってスティック状に。オーブンシートを30×15cmほど切り出し、お菓子を中央にのせる。両端をキャンディのようにきゅっとひねってとめる。

idea 04　市販の耐油性の袋（パラフィン紙など）に、ざっくり割ったクッキーやケーキを入れる。上部の一方を大きく斜めに折り、逆側も大きめに折る（**a**）。重なった部分の表裏に丸型のシールを張り、上からパンチで穴を開け、リボンなどを通す。

a

若山 曜子　Yoko Wakayama

料理・菓子研究家。東京外国語大学フランス語学科卒業後パリへ留学。ル・コルドンブルーパリ、エコール・フェランディを経て、フランス国家調理師資格(C.A.P)を取得。パリのパティスリーやレストランで研鑽を積み、帰国後は雑誌や書籍ほか、カフェや企業のレシピ開発、料理教室の主宰など幅広く活躍中。著書に『パウンド型ひとつで作るたくさんのケーク』、『フライパンリゾット』(ともに主婦と生活社)『レモンのお菓子』(マイナビ出版)『一皿でごちそう！ わたしの煮込み料理』(宝島社)など多数。
http://tavechao.com/

STAFF

撮影	福尾美雪
デザイン	髙橋朱里　菅谷真理子(マルサンカク)
スタイリング	澤入美香
構成	北條芽以
調理アシスタント	細井美波　鈴木真代
校正	玄冬書林
編集	川上隆子(ワニブックス)

材料協力
TOMIZ(富澤商店)
https://tomiz.com/
TEL：042-776-6488

フライパンで作れる まあるい クッキーとタルトとケーキ

若山曜子　著

2017年12月21日　初版発行

発行者　横内正昭
編集人　青柳有紀
発行所　株式会社ワニブックス
　　　　〒150-8482
　　　　東京都渋谷区恵比寿4-4-9　えびす大黒ビル
　　　　電話　03-5449-2711(代表)
　　　　　　　03-5449-2716(編集部)
　　　　ワニブックスHP
　　　　http://www.wani.co.jp/
　　　　WANI BOOKOUT
　　　　http://www.wanibookout.com/

印刷所　凸版印刷株式会社
製本所　ナショナル製本

定価はカバーに表示してあります。
落丁・乱丁の場合は小社管理部宛にお送りください。送料は小社負担でお取り替えいたします。ただし、古書店等で購入したものに関してはお取り替えできません。
本書の一部、または全部を無断で複写・複製・転載・公衆送信することは法律で認められた範囲を除いて禁じられています。

© 若山曜子 2017
ISBN978-4-8470-9637-2